zum graureiher
verdichtet

Haiku

Bernadette Duncan

Die Deutsche Nationalbibliothek verzeichnet diese
Publikation in der Deutschen Nationalbibliografie;
detaillierte bibliografische Daten sind online über dnb.de
abrufbar.

© 2020 Bernadette Duncan
bernadette.duncan@outlook.com
Herstellung und Verlag:
BoD – Books on Demand, Norderstedt
ISBN: 9783750405721

INHALT

von hier aus
9

erste flugversuche
27

nichts als die welt
53

immer klarer
73

Entlang dem staunen
siedelt das gedicht, da
gehn wir hin

Reiner Kunze

von hier aus

schneeschmelze
selbst die steine
ruhelos

in den worten
noch etwas winterstille
erster schnittlauch

spätes weiß
der winter alt genug
sich selbst zu zeichnen

schlüpft aus dem
eistropfen
im weißdorn
die sonne?

Malstunde
die Musik der Wassergläser
vor dem Blau

Samentütchen ordnen
hinter den Bergen
schon Licht

vor dem Feuer
gefällter Wacholder
duftet und duftet

von der behutsamkeit des schnees
blieb nur
die weide

die drei frauen
yogamatten unterm arm:
endlich frühling!

gleichzeitig pflügt er
eine reihe erde
eine reihe himmel

dir auf die Zeilen
der Zaunlattenschatten
Gedichte schreiben

letzte Abzweigung
wohne tatsächlich
unter Sternen

Morgendämmerung
eine Amsel legt uns
die Welt ans Herz

bis zum abend zuvor
glaubte ich's nicht:
kirschblüten…

als hätten sie alles
verstanden in diesem winter –
kirschblüten

mein winternachbar
verschwindet wieder hinter
kirschblüten

Blütenfotos
von hier aus, ruft der Alte
siehst du den ganzen Baum!

in der Dämmerung
die ersten Schritte
der Lämmer

Glück im Puppenladen
der Wolf ist verkauft!

blau blitzt der Eisvogel
durch die Schweigeminute
der Mauertoten

am Flussufer
verdichtet sich der Nebel
zum Graureiher

wegrandkapelle
durch butzenscheiben
von hand gesammeltes licht

nach klarer nacht
im regenfass
holundersterne

maimorgen die schwere der wörter

erste flugversuche

kaffeeduft
spatzenflügel filtern
das morgenlicht

bank unter der linde
mit blick auf den enkel
die dinge neu benennen

die antwort
der löwenzahnwiese
bevor ich fragte

honig abfüllen
ein leises singen
im glas

ferien
die zündhölzer
im warmen regen

koffer packen
zwei flötentöne
eilen voraus

Inselhaus
auf jeder Uhr
eine andere Zeit

erster tag am meer
die badewannenente
fest in der kleinen hand

verfallenes kirchlein
im alten taufstein, rosa und blau
der himmel

kommen worte
gesprochen am meer
im regen zurück?

vor dem Tauchen
zwei Freunde
die schweigen

abend ohne titel
wir sitzen lange
auf der bank

staubiger weg
die stockrose lehnt sich
an einen wanderstab

unter buchen im regen
du fragst nach engeln

morgens um fünf
die lieder der schwalben
vor dem fliegen

schwalbenlidschlag
am fenster vorbei
mittsommermorgen

erste flugversuche
die sicherheit
von wogendem getreide

auf dem Weg zum Briefkasten
überholen mich
Distelsamen

bist du bereit
für einen Tag Mohn
und ein ganzes Jahr Feld?

Bauwagen
am Fenster gen Süden
Lavendel

donauquelle
glucksend läuft der kleine
seiner mutter davon

wanderpause
das quellwasser
liest mir aus der hand

quelle am berghang
unsere buckel
beim trinken

als ob mein kleid
aus samt und seide wär'
die hand des fährmanns

kurz vor dem gipfel
dreht er um
der schmetterling

moorsee   dem dunkel trauen

urlaubsende
das zögern der möwe
vor dem wind

haikupfad
sieh mal, meint sie
himbeeren!

kirschen entsteinen
der ausgewanderte nachbar
über skype

tisch am fenster
schön gedeckt
und auch den mond nicht vergessen

schweigend
ins holz
gestapelt
sommerhitze

irgendwo raspelt eine wespe holz
an diesem schwülen morgen

nach dem gewitter
in der tasse des gärtners
kalter tee

immer höher
der milan – als ob man nur
stillzuhalten brauche

grasrispe
der käfer wippt den tag
in den abend

dämmerung die langsamkeit der einfahrenden züge

nichts als die welt

nur die glocke
nimmt es heute auf
mit den bergen

als ob dieser schlaflose morgen
der schönste sei
katzenschnurren

im nebel
vergisst der alte die großstadt
und grüßt

wildgänse
zum dorf hin
die weiden am fluss
dichter gedrängt

auf den stock gestützt
mit der septembersonne
brombeeren hüten

leuchtender herbsttag
sie geht durch seinen
bewundernden blick

als gartentisch
die alte sonnenuhr
wir lösen worte
aus der zeit

letzte schwalbenblaue himmel
unterschreibe mit schwung

früh schon dämmert's
‚Tusche kaufen'
auf die Liste

klassentreffen
erkenne ihn schon von weitem
den mond

Enkelwochenende
zum Haiku schreiben
hält der Frosch den Stift

summend
die Quitten ordnen
von bucklig bis jung

nun haben wir die störche erschreckt
ihr sanfter flug
zur nächsten wiese

erster frost der schäfer nickt nur kurz

thymiantee

abends Sushi
die Katze eingerollt
in Mozart und Licht

fern der Heimat
ihr Lächeln unterm Herbstahorn
im orangen Sari

mehr Himmel
nun da sie sich beugt
die Sonnenblume

durch opas alte brille
nichts als die welt

am rand der dünen: sanddorn
auch die dritte beere
herb und mit stein

nebelig
am motorradgrab
ein licht und ein apfel

novemberabend
unter den hufen des rehs
klingt der waldboden

alte malerin
den himmelspinsel
lieber nochmal waschen

letzte gartenrose
im ersten kerzenlicht
die tür leise schließen

immer klarer

von schneeregen
zu schnee zu regen zu schnee –
dort ein stern

schneemorgen
wo gestern noch weg war

langsam gegangen
und hier sind sie doch
spuren im schnee

lauer Tag
der Weltuntergangsvorrat
geht an die Hühner

im Rascheln deiner Zeitung
die Ruhe der Welt

über Nacht
hat das Eis den Bach
neu gestimmt

Haiku lesen
den Lebkuchen isst
mein Kater

mit dem Blindenhund
durchs Schneetreiben
diese Farben!

tief im Winter
das Murmeln
in der Imkerrunde

in den schnelleren Fall
der letzten Tage im Jahr
Honig rühren

repariere den wachsengel
mit der wärme
meiner hände

Kiefernringe
schwerer zu zählen
die trockenen Jahre

Weihnachtsmarkt
bei den Krippen
nimmt er die Mütze ab

wintermorgen
drifte vom dunkeln
ins gedicht

Heiliger Abend
das Christkind aus Ton
noch nicht trocken

stiller Schneefall
er lehnt an seinem
Cellokoffer

endlos durch den Schnee
wie köstlich der Geruch
von Nachbars Kuhstall nun

Silvester
der Töpfer prüft
die letzte Schale

tannen
immer noch tannen
im schnee

schnee schippen
immer klarer
unsere stimmen

wintertag
überraschend begleitet uns
eine delfinmilde sonne

Märchen vorlesen
an der Tür
drei Könige

von einem lerchenlied
ins andere, dieser weg
und jener auch

putz dich nur, Spatz –
ich schreib auch kein Haiku drüber!

Quellen

Die ausgewählten Gedichte der vorliegenden Sammlung entstanden zwischen 2007 und 2019 – der Großteil erschien in verschiedenen gedruckten und digitalen Medien, vor allem in den Jahrbüchern und auf der Webseite von *www.Haiku-heute.de* sowie in *Sommergras*, der Zeitschrift der Deutschen Haiku Gesellschaft. Neuüberarbeitung für diese Ausgabe.

Zitat S. 5: Beginn des Gedichtes ‚DICHTER SEIN' aus: Reiner Kunze, Gedichte, S. Fischer Verlag Frankfurt, 2001. Mit freundlicher Genehmigung des Verfassers.

Mit herzlichem Dank

an Volker Friebel für Ermutigung und Lektorat,
an Joseph Duncan für wertvolle Hinweise sowie
an Ilse Jacobson für die gemeinsame Suche nach
dem guten Haiku.

Zur Autorin

Bernadette Duncan, Dipl.-Päd., staatl. gepr. Übersetzerin, 1965 in Oberbayern geboren. Nach dem Abitur lebte sie 15 Jahre lang in Schottland, heute wohnhaft zwischen Alb und Schwarzwald. Sie arbeitete u.a. in der Heilpädagogik, in Gärtnereien, als Übersetzerin und Lehrerin. Vier erwachsene Kinder, ein Enkel. Seit 2007 intensive Beschäftigung mit dem Haiku.